W9-BVO-652

concepción gráfica
y diseño de la colección:
Claret Serrahima

Primera edición: diciembre de 1995
Segunda edición: marzo de 1998

Consejo editorial: Josep M. Aloy, Xavier Blanch, Romà Dòria,
Mercè Escardó, Jesús Giralt, Marta Luna, Claret Serrahima

© **Marta Luna**, 1995, por la selección
© **Pere Joan**, 1995, por las ilustraciones
© **La Galera, S.A. Editorial**, 1995, por la edición en lengua castellana
Depósito Legal: B. 10.005-1998
Printed in Spain
ISBN 84-246-1944-8

La Galera, S.A. Editorial
Diputació, 250 – 08007 Barcelona
www.enciclopedia-cat.com
secedit@grec.com
Impreso por Índice, S.L.
Fluvià, 81 – 08019 Barcelona

Prohibida la reproducción y la transmisión total o parcial de este libro bajo
ninguna forma ni por ningún medio, electrónico ni mecánico (fotocopia, grabación
o cualquier clase de almacenamiento de información o sistema de reproducción) sin
el permiso escrito de los titulares del copyright y de la empresa editora.

laGalera  popular

Poemas de Navidad

selección de Marta Luna

ilustraciones de Pere Joan

Balada amarilla del camellero

—¿Qué le llevo yo
al Niño que ayer nació?...

Dicen que dicen que es bello
que tiene de oro el cabello
que alumbra con su destello,
¡qué se yo!...

—Tan solo y tan sin fortuna
tan pobre y con tanta luna,
¿adónde tu, camellero,
sin caravana ninguna?
¿adónde tú, sin lucero?
—¡Qué sé yo!...

—¿De qué verdes palmerales
tú, de qué lejana orilla?
¿de qué ardientes arenales
llenos de tierra amarilla?

—¿De dónde yo, camellero?
¿Adónde yo, sin lucero?
¡qué se yo!

—Al Niño que ayer nació
y tiene de oro el cabello,
¿qué le llevas tú?
—¿Quién, yo?

—Sí, tú...
—El camello.

—¿Y qué harás tú sin camello?
—¡Qué sé yo!

Antonio Murciano

JUV/Sp PN 6110 .C5 P6318 199

Poemas de Navidad

UPI
Juv/sp

Chicago Public Library
North Pulaski Branch
4300 W. North Avenue
Chicago, IL 60639
(312) 744 9573

R03016 24559

Romance del establo de Belén

Al llegar la medianoche
y al romper en llanto el Niño,
las cien bestias despertaron
y el establo se hizo vivo.
Y se fueron acercando
y alargaron hasta el Niño
sus cien cuellos anhelantes
como un bosque estremecido.

Bajó un buey su aliento al rostro
y se lo exhaló sin ruido,
y sus ojos fueron tiernos
como llenos de rocío.
Una oveja lo frotaba
contra su vellón suavísimo
y las manos le lamían,
en cuclillas los cabritos.
Las paredes del establo
se cubrieron, sin sentirlo,
de faisanes y de ocas
y de gallos y de mirlos.
Los faisanes descendieron
y pasaban sobre el Niño
su ancha cola de colores;
y las ocas de anchos picos
arreglábanle las pajas;
y el enjambre de los mirlos
era un vuelo palpitante
sobre el recién nacido.

Y la Virgen entre el bosque
de los cuernos, sin sentido,
agitada iba y venía
sin poder tomar al Niño.
Y José sonriendo iba
acercándose en su auxilio...
¡Y era como un bosque todo
el establo conmovido!

Gabriela Mistral

Anda acá, pastor

Anda acá, pastor,
a ver al Redentor.

Anda acá, Minguillo,
deja tu ganado,
toma el caramillo,
zurrón y cayado
vamos sin temor
a ver al Redentor.

No nos aballemos
sin llevar presente;
mas, ¿qué llevaremos?
Dilo tú, Llorente.
¿Qué será mejor
para el Redentor?...

Yo quiero llevarle
leche y mantequillas,
y para empañarle
algunas mantillas,
para ir con amor
a ver al Redentor.

Con aquel cabrito
de la cabra mocha
darle algún quesito
y una miga cocha,
que tendrá sabor,
sabor al Redentor.

No piense que vamos
su madre graciosa
sin que le ofrezcamos
más alguna cosa;
que es de gran valor,
madre del Redentor.

En cantares nuevos
gocen sus orejas:
miel y muchos huevos
para hacer torrejas,
aunque sin dolor
parió al Redentor.

Juan del Encina

Cancioncilla del Niño Dios

Qué feliz la paja es
bajo la luz de la luna,
porque a Dios sirve de cuna
es ya más gloria que mies.

    Cantad, pastores, cantad
    que es noche de Navidad.

A Dios arrulla y sostiene
la paja tierna y delgada.
La paja que a Dios contiene
es ya más cielo que nada.

    Cantad, pastores, cantad,
    que es noche de Navidad.

Rafael Morales

Canción del pastor en vela

¡No, que no puedo dormir!
El Niño está en el Portal.
¿Y si me lo llevan, di?

En el Portal está el Niño,
en el Portal que está abierto
para ladrones y fríos.

Y si me lo llevan, di
¿quién lo podrá rescatar?...
No, que no puedo dormir.

No, que no me cierre el sueño
los ojos con qué velar
la luz del Portal abierto.

Que si se llevan de aquí
la luz del mundo, mañana
¿quién me traerá el día, di?...

Déjame, sueño, sin sueño,
que si se llevan su luz
voy a despertarme ciego.

Que si lo llevan, di,
¿podrán los ojos del llanto
descansar para dormir?...

José García Nieto

La estrella

—¿Sabes la nueva?
—¿Qué nueva?

—Sal de la cueva.
Mira al cielo que se estrella.
Mira aquella,
aquella estrella tan clara.

—Qué algazara.
Cómo rebrinca y retoza
y alboroza.
Mira como alarga un pico
de oro rico
hasta hacer de él una espada
relumbrada
que ordena: —Seguidme a mí.
Aquí, aquí.
Aquí está la buena prueba
siempre nueva.
Novedad de novedades
y toda novedad,
la Navidad.

Gerardo Diego

Villancico del silencio

¿Para qué?
¿Para qué queréis cantar,
si el Niño dormido está?

La estrella lo alumbra y vela,
mientras lo mece María.
Guardad silencio, pastores,
que el Niño despertaría.

¿Para qué?
¿Para qué queréis cantar,
si el Niño dormido está?

Concha Lagos

El arrullo de la Virgen

No lloréis, mis ojos;
Niño Dios, callad,
    que si llora el cielo
    ¿quién podrá cantar?
Vuestra Madre hermosa
que cantando está,
llorará también
si ve que lloráis.
O es fuego o es frío
la causa que os dan;
si es amor, mis ojos,
muy pequeño amáis.
Enjugad las perlas,
nácar celestial,
    que si llora el cielo
    ¿quién podrá cantar?
Los ángeles bellos
cantan que les dais
a los cielos gloria,
a la tierra paz.
Por estas montañas
descendiendo van
pastores, cantando,
por daros solaz.
Niño de mis ojos,
ea, no haya más,
    que si llora el cielo,
    ¿quién podrá cantar?

Lope de Vega

Que se duerme mi Niño

Pues andáis en las palmas,
ángeles santos,
     que se duerme mi Niño,
     tended los ramos.
Palmas de Belén
que mueven airados
los furiosos vientos
que suenan tanto,
no le hagáis ruido,
corred más paso;
     que se duerme mi Niño,
     tended los ramos.
Rigurosos hielos
le están cercando;
ya veis que no tengo
con qué guardarlo;
ángeles divinos
que venís volando,
     que se duerme mi Niño,
     tended los ramos.

                Lope de Vega

Ha nacido en un portal

Ha nacido en un portal
llenito de telarañas,
entre la mula y el buey,
el Redentor de las almas;
y dijo Melchor:
—¡Toquen, toquen esos instrumentos
y alégrese el mundo,
que ha nacido Dios!
Esta noche nace el Niño
entre la paja y el hielo:
quién pudiera, Niño mío,
vestirte de terciopelo!

En el portal de Belén
hay estrellas, sol y luna;
la Virgen y San José
y el Niño que está en la cuna.
En Belén tocan a fuego,
del portal sale la llama;
es una estrella del cielo
que ha caído entre la paja.

Yo soy un pobre gitano
que vengo de Egipto aquí
y al Niño de Dios le traigo
un gallo quiquiriquí.
Yo soy un pobre gallego
que vengo de Galicia
y al niño de Dios le traigo
lienzo para una camisa.

Al Niño recién nacido
todos le traen un don;
yo soy chico y nada tengo:
le traigo mi corazón.

Popular

Canción del Niño Jesús

Si la palmera pudiera
volverse tan niña, niña
como cuando era una niña
con cintura de pulsera.
Para que el Niño la viera...

Si la palmera tuviera
las patas de borriquillo,
las alas de Gabrielillo.
Para cuando el Niño quiera
correr, volar a su vera...

Si la palmera supiera
que sus palmas algún día...
Si la palmera supiera
por qué la Virgen María
la mira... Si ella tuviera...

Si la palmera pudiera...
... la palmera...

Gerardo Diego